AF509355

LES

COMTES DU GATINAIS

PAR

G. D'ESPINAY

Ancien Conseiller à la Cour d'Appel d'Angers,
Président honoraire de la Société d'Agriculture, Sciences et Arts.

*(Extrait des Mémoires de la Société nationale d'Agriculture
Sciences et Arts d'Angers)*

ANGERS

LACHÈSE ET Cie, IMPRIMEURS-LIBRAIRES
4, Chaussée Saint-Pierre, 4

1898

LES

COMTES DU GATINAIS

———

Les progrès de la science paléographique en mettant au jour un grand nombre de documents, trop longtemps inédits, ont renouvelé les études historiques et surtout l'histoire locale et provinciale; l'esprit critique s'est développé; on a mieux étudié et mieux compris les documents déjà connus; on a voulu remonter aux sources originales On a découvert que nos premiers chroniqueurs ont fait de larges emprunts aux romans du moyen âge et que les érudits des derniers siècles ont souvent accepté sans examen et sans vérification, de soi-disant traditions d'origine légendaire ou même entièrement fabuleuse. C'est ce qui est arrivé pour l'histoire de notre Anjou. Bourdigné avait rédigé ses chroniques angevines d'après des sources fort suspectes: le *Gesta consulum Andegavensium*, qu'il a presque toujours traduit et reproduit, a été considéré durant plusieurs siècles comme un livre intangible et d'une autorité absolue; tous nos historiens lui ont emprunté ses récits. Mais la gloire du monde passe et l'autorité du *Gesta con-*

saiur fait de même ; déjà fort ébranlée par les travaux de nos archivistes modernes et notamment par ceux de M. Mabile, elle vient de recevoir un dernier et terrible coup de la main d'un érudit qui n'appartient pas à notre province, M. Jules Devaux, mais qui par ses études sur le Gâtinais, éclaire en même temps l'histoire de l'Anjou ; il a fait preuve, dans une publication récente, d'une science sérieuse et d'une critique éclairée [1].

Je ferai appel à la science de cet écrivain pour traiter une question qui intéresse l'Anjou d'une manière toute spéciale. Cette question, la voici nettement posée : du IXe au XIe siècle, les comtes d'Anjou de la maison d'Ingelger ont-ils possédé le Gâtinais et le comté de Château-Landon ? — Je l'avais déjà traitée dans la *Légende des comtes d'Anjou* : mais la publication de l'ouvrage de M. Devaux m'oblige à en parler de nouveau et à compléter ce que j'avais avancé sur ce point. Le présent travail n'a point pour objet de refaire ma première étude, mais seulement de combler quelques lacunes ; aussi je ne reviendrai sur ce que j'ai déjà dit qu'autant que cela sera nécessaire pour l'intelligence du sujet.

D'après le récit du *Gesta consulum*, Ingelger, après avoir vaincu en champ clos le chevalier Gontran, accusateur de sa marraine Adèle, comtesse de Gâtinais, aurait reçu d'elle le comté de Gâtinais avec Château-Landon ; le roi Louis le Bègue, de l'assentiment des barons, aurait donné à Ingelger l'investiture de cette seigneurie [2]. Déjà du reste les ancêtres d'Ingelger avaient obtenu en bénéfice des domaines situés dans le Gâtinais et même les fonctions de sénéchaux de ce pays. La comtesse Adèle était fille unique

---

[1] *Origines gâtinaises*, par Jules Devaux. Paris, 1897.

[2] Tunc Rex eum saisivit de Castro Landonensi et de consulatu Gastinensi *Chroniques des Comtes d'Anjou*, édition Marchegay, pp. 44, 45.

d'un autre Ingelger, comte du Gâtinais, auquel elle avait succédé dans cet important domaine (1).

La réalité du personnage d'Ingelger d'Anjou a été contestée, mais à tort. La charte de donation de la *villa* de Chiriac, par Foulques le Roux à l'abbaye de Saint-Aubin, prouve très clairement que le père de Foulques s'appelait Ingelger, mais c'est tout ce que l'on peut affirmer de ce mystérieux personnage, dont on a fait la tige des comtes d'Anjou (2). Il est prouvé aujourd'hui qu'il n'a pas été comte d'Anjou (3). Aurait-il été vicomte? Permis de le supposer, si l'on tient à ce qu'il ait été quelque chose, mais la charte n'en dit rien. Tout ce que les documents diplomatiques nous apprennent c'est que Foulques, son fils, était vicomte d'Anjou vers 886 et qu'il n'a pris définitivement le titre de comte qu'au x⁰ siècle, vers 929 (4).

L'existence d'un Ingelran, comte du Gâtinais, au IXᵉ siècle (remarquer la ressemblance des deux noms. Ingelger et Ingelran) est également prouvée par des documents sérieux; c'est le premier comte du Gâtinais connu (5). Mais ce qui est beaucoup plus douteux et paraît avoir eu pour source des documents romanesques ou légendaires, c'est la transmission du Gâtinais et de Château-Landon par la fille d'Ingelger (ou Ingelran), à l'Ingelger d'Anjou.

(1) *Idem*, pp. 38-41; 319, 320, 353. — Ne pas confondre les Chroniques des comtes d'Anjou et les Chroniques des églises d'Anjou.

(2) Ego Falco Andecavorum comes... pro remedio meæ animæ vel animæ Ingelgerio genitore meo... (Cartul. Sancti Albini, n⁰ CLXXVII, ann. 929-930.

(3) Mabile, *Introduction aux chroniques des comtes d'Anjou*. — D'Espinay, *La Légende des comtes d'Anjou*, 1ʳᵉ partie (Mémoires de la Société d'Agriculture, Sciences et Arts d'Angers, ann. 1883.

(4) *Ibid*.

(5) V. un passage d'Hermann de Tournay, cité ci-après. — Le véritable Ingelran du Gâtinais vivait sous Charles le Simple, tandis que l'Ingelger gâtinésien du *Gesta* remonterait au temps de Charles le Chauve, d'après M. J. Devaux; mais une note de Luc d'Achery le ferait remonter au temps de Charlemagne.

La *Gesta consulum* dit bien que Château-Landon appartenait en propre à Geoffroy Grisegonelle et plus tard à Foulques Nerra ; mais s'il est établi qu'il existait au temps où vivaient ces princes une dynastie de comtes castrolandoniens, qui n'avait rien de commun avec eux, il faudra bien rejeter comme fabuleuse la prétendue donation du Gâtinais par la comtesse Adèle à Ingelger d'Anjou, et la transmission de ce comté aux mains de ses descendants.

M. Jules Devaux établit ainsi la suite des comtes du Gâtinais et de Château-Landon :

1° Ingelran (ou Enguerrand) vivait sous Charles le Simple ; il fit don du village de Souppes à l'abbaye de Saint-Martin de Tournay (1).

2° Geoffroy I, dont le nom est mentionné dans une charte de donation du village de Quiers (?) en latin *Cretaria*, faite à un fidèle du roi Raoul, en l'an 933 (2). Il faut remarquer, qu'à cette date, le comte d'Anjou était Foulques le Roux.

3° Suit une lacune d'environ quarante ans ; mais le champ des découvertes reste largement ouvert et je suis convaincu que si M. Devaux, qui n'a fait encore appel qu'aux documents imprimés, veut bien fouiller les chartes inédites des archives de Melun, de Sens, et même d'Orléans, il trouvera certainement à combler la lacune et à compléter la série des comtes de Gâtinais et de Château-Landon.

4° Geoffroy II figure dans un diplôme royal de l'an 970.

(1) Respondit Caroli regis Francorum privilegium esse... quod, petente *Ingelranno, comite de Castellanolum*, rex Carolus dederit sancto Martino Tornacensi Villam quæ vocatur Supus (Narratio restaurationis... abbatiæ S. Martini ; Hermann Tornacensis, ap. Luc d'Achery, Spicilégium, t. XII, p. 401).

(2) Ansurus episcopus et *Gausfredus comes* humiliter nostram deprecati sunt clementiam... ex ipso scilicet comitatu (Senonensi) cum mansis LX ex *Wastinensi comitatu*, excepto ecclesiâ de Cretariâ, cum mancipiis, etc. (Dom Bouquet, t. IX, p. 579, n° 18.)

au profit de l'église d'Orléans (1). Il signe aussi un autre document diplomatique de 984. C'est une donation faite par un de ses vassaux nommé Teduin, à l'abbaye de Saint-Pierre de Chartres, de l'alleu de la Villotte, situé dans le Gâtinais, non loin du château de Soisy. Geoffroy figure dans cet acte en qualité de comte de Gâtinais et sans aucun doute pour autoriser son vassal et ratifier la donation (2).

Peut-être objectera-t-on qu'en 984 Geoffroy Grisegonelle, qui n'est mort qu'en 987, vivait encore et que ces deux chartes le concernent. Il serait bizarre que si ces documents émanaient d'un comte d'Anjou il n'eût pris ni dans l'un ni dans l'autre son titre de comte d'Anjou, plus important que celui de comte de Gâtinais. Comment expliquerait-on, d'ailleurs, que le comté de Gâtinais, qui en 933, comme nous l'avons vu, n'appartenait pas à Foulques d'Anjou, fût passé aux mains de son petit-fils ? Ce n'était certainement pas en vertu de la soi-disant donation du Gâtinais par la comtesse Adèle à son filleul Ingelger. Si celui-ci eût possédé le Gâtinais, il faudrait supposer que ce comté était sorti de la maison d'Anjou cinquante ans après lui, pour y rentrer trente ans plus tard ; une pareille conjecture ne reposerait sur aucune base et serait de nulle valeur historique.

5° Gauthier. Ce comte vivait vers la fin du X° siècle, au temps de Foulques Nerra. Il est mentionné dans une lettre écrite par Abbon, abbé de Fleury, au pape Grégoire V, en 997. Abbon se plaint qu'un nommé Quauz, neveu de Gauthier, comte de Château-Landon, ravage les terres du couvent ; il prie le pape de vouloir bien agir auprès de Gauthier, alors à Rome, pour qu'il fasse cesser les dépréda-

(1) Dom Bouquet, t. IX, p. 661.
(2) Est autem *in pago Wastinensi* supra dicta largitio mea, non longè à Sossiaco castro... S. Gausfri ii *comitis Wastiniensis.* (Cartul. S. Petri Carnot., t. I, pp. 89-90, ann. 984.)

tions dont son neveu s'est rendu coupable et l'informer
que si celui-ci ne vient pas à résipiscence, il sera frappé
de la verge de l'excommunication (1).

Cette lettre de l'abbé Abbon prouve de la manière la
plus évidente qu'au début du règne de Foulques Nerra i
y avait un comte de Château-Landon qui s'appelait Gauthier et que le premier n'était en aucune façon comte de
Gâtinais, pas plus que le second n'était comte d'Anjou.
De qui Gauthier tenait-il son comté ? — Évidemment de
Geoffroy dont nous avons parlé ci-dessus. Or, aucune
chronique angevine ne nous dit que Geoffroy Grisegonelle
ait eu un fils du nom de Gauthier, auquel il aurai
laissé le comté de Gâtinais. Nous voyons donc la dynastie
castrolandonienne vivre, se perpétuer et régir son comté
tout à fait indépendamment des Ingelgériens d'Anjou.

La lettre d'Abbon nous révèle un autre fait des plus
intéressants pour l'Anjou. Il y est dit que le comte
Foulques (qui ne peut être que Foulques Nerra), voulant
plutôt remettre en état les vieux monastères qu'en fonde
de nouveaux, se préoccupe de la situation de l'abbaye de
Ferrières (en Gâtinais), ruinée par les nombreuses conces-
sions de bénéfices faites à ses vassaux aux dépens des terres
de l'abbaye (2). Pourquoi Foulques Nerra se posait-il en
protecteur de l'abbaye de Ferrières ? Comment avait-il des
vassaux dans le Gâtinais ? Le *Gesta* a donc raison, dira-

(1) Est quidam Quauz, nepos *Wal. comitis de Castro Nantonis*, qui
devastat possessiones nostri monasterii, de quo precor ut cum ipso
Wal., qui nunc Romae est, loquamini (Abbonis abbat. epist. 3; ap.
D. Bouquet, t. X, pp. 435-436, ann. 997) — L'abréviation *Wal.* ne
peut présenter aucune difficulté ; elle est mise évidemment pour
Walterius (Gauthier).

(2) ..... per me vobis comes Fulco mandavit malle te scilicet vetera
monasteria diruta restaurare quàm nova à fundamentis con lere..
nunc vero suorum vassalorum beneficio ità corrosum monasterium
quod dicitur Ferrarias) ut vix aliquid remanserit ad stipendia pau-
corum fratrum. (*Ibid.*)

t-on, et Foulques était seigneur du Gâtinais. Que Foulques
possédât des terres ou seigneuries, soit en domaine, soit
en mouvance dans le Gâtinais, cela ne prouve nullement
qu'il en fût comte. La suite du document montre suffisam-
ment qu'il ne l'était pas et que le véritable comte du
Gâtinais était alors Gauthier. On voit à chaque instant,
d'après les chartes du moyen âge, des seigneurs féodaux
posséder des fiefs ou des arrière-fiefs situés hors de leur
propre comté. C'est ainsi que les Ingelgériens d'Anjou
possédaient, dès le x⁰ siècle, les importantes seigneuries
d'Amboise et de Loches, situées en Touraine et en dehors
des limites de l'Anjou.

Le *Gesta* dit, il est vrai, que dès avant la donation
d'Adèle, des domaines situés en Gâtinais avaient été accor-
dés à Tertulle et à Ingelger par Charles le Chauve et par
Louis le Bègue [1]. Cela n'est peut-être pas impossible ;
mais la concession de quelques domaines particuliers ne
prouverait nullement en faveur de celle du comté. Ce sont
deux genres de possession absolument distincts.

Je ne crois pas toutefois qu'il soit nécessaire de remonter au temps de Charles le Chauve et d'Ingelger d'Anjou
pour expliquer la possession des mouvances de Foulques
Nerra en Gâtinais. Il y a une explication bien plus simple
et bien plus plausible. Foulques Nerra avait épousé en
premières noces Elisabeth (2), fille de Bouchard le Vieux,
comte de Paris, de Melun, de Corbeil, de Vendôme,
Lavardin, Montoir, etc. Ce seigneur possédait d'immenses
domaines situés en divers comtés et notamment dans le
Gâtinais, le comté de Château-Landon et celui de Sens ;

---

(1) *Chroniques des comtes d'Anjou, loc. cit.*

(2) Par une singulière confusion plusieurs historiens lui donnent
le nom de *Grecia*. Il a existé une *Grecia*, veuve de Berlay de Mon-
treuil, qui épousa Geoffroy Martel en secondes noces. (Hist. S. Florentii Salmur. ; *Chroniques des églises d'Anjou*, par Marchegay,
p. 293.)

suivant l'usage du temps, il en cédait en fief une notable partie à ses vassaux (1). Il est tout naturel de penser que la fille de Bouchard avait reçu en dot des seigneuries en Gâtinais puisque son père y tenait de vastes possessions. C'était donc comme administrateur des terres de sa femme que Foulques Nerra se préoccupait de la pénurie où était tombée l'abbaye de Ferrières.

On sait que le terrible comte d'Anjou fit brûler vive la malheureuse Elisabeth qu'il accusait d'adultère ; cette cruelle exécution eut lieu en 999 ou en 1000, d'après plusieurs de nos chroniqueurs des églises d'Anjou (2). En 997, à l'époque de la lettre d'Abbon, Élisabeth vivait encore. Elle laissa une fille, Adèle, qui fut mariée à Bodon de Nevers. Après la mort de sa femme, Foulques put conserver des intérêts dans le Gâtinais comme tuteur de sa fille, héritière par sa mère de Bouchard de Melun. Cette explication, qui repose sur des textes historiques sérieux, me paraît plus probable que les donations très problématiques rapportées par le *Gesta consulum*.

Il faut remarquer enfin, contrairement au système de M. Ballu (3), que rien dans la lettre d'Abbon ne montre

---

(1) ... .. dedit itàque sæpè dictus comes (Burchardus) ecclesiæ Fossatensi has possessiones de rebus suæ proprietatis... in comitatu Corboliensis castri... *in Wastinensi quoque pago, in comitatu Nantonensi*, atque in episcopatu Senonensis urbis... in comitatu etiam Milidonensi .. Erant autem et in aliis pagis plurima ei castra ex quibus Vindocinum, Lavarzinum, et Montem Aureum, proprio retinebat dominio ; exceptis aliis quorum nomina mihi ignota existunt *et quæ multi milites beneficii et fidelitatis gratiâ ab ipso possidebant.* (*Vita Burchardi comitis Milidonensis*, ap. Dom Bouquet, t. X, p. 350 et suiv.)

(2) Prima incensio urbis Andecavæ quæ evenit paucis diebus post combustionem comitissæ Elisabeth, VIII Kal. januar; anni Domini immutantur (Chron. S. Albini ad ann. 1000). — Urbs Andecava incensa est post combustionem comitissæ Elisabeth (Breve chron. S. Flor. Salm. ad ann. 999. — Marchegay, *Chroniques des églises d'Anjou*, pp. 22 et 187.)

(3) *De la Suzeraineté des comtes d'Anjou sur le Gâtinais.*

un lien de vasselage entre Gauthier, comte de Château-Landon, et Foulques, comte d'Anjou : les vassaux de celui-ci sont de petits seigneurs particuliers, des *milites* : mais entre les deux comtes il n'y a rien de commun. Le vasselage de quelques *milites* du Gâtinais n'entraîne à aucun titre celui du comte de ce pays à l'égard de Foulques d'Anjou.

6° Geoffroy III succéda à Gauthier. En 999 il prit part à la guerre qui s'éleva entre Bouchard, comte de Melun, et Eudes, comte de Blois. Il épousa Béatrice, fille d'Albéric, comte de Mâcon ; ce mariage lui valut de grands avantages territoriaux et notamment la cession à son profit des châtellenies de Bleneau et de Saint-Fargeau, situées dans le comté d'Auxerre. Après lui, sa veuve, Béatrice, pour réparer les torts de son mari à l'égard de l'abbaye de Fleury, fit de grands dons à ce monastère (1). Geoffroy est mentionné dans une charte du cartulaire de Notre-Dame de Paris dont nous allons parler ci-après.

7° Aubry, dit *le Bref* (*Albericus contractus*), fils du précédent, devint comte du Gâtinais en 1026. Il fit donation aux moines de Fleury d'un alleu situé en Auxerrois (2). Aubry, à la demande de Francon, évêque de Paris, restitua à l'église de Notre-Dame le village d'Échilleuses et consentit à tenir d'elle le village de Boesse à cens et en arrière-ferme. Cet acte fut passé en 1026, avec le concours de ses frères de mère, qui participèrent à l'acte en qualité d'héritiers présomptifs (3). Aubry épousa Ermangarde, fille de

(1) Beatrix, *Nandonensium comitissa*, non minima iis tem diebus donavit nobis prædia... (*Vita Gauzlini*, citée par M. J. Devaux, *Origines gâtinaises*, p. 17.)

(2) Albericus, *comes Nandonensium*, sui juris alodum, in Altissiodorensi situm, Dei genitricis Mariæ plenus devotionis, largitus est munere. (*Ibid.*)

(3) Buxas et Cabiosas, sitas in *comitatu Wastinensi*, Gosfrido comiti *Landonensi castri*... talis facta est conventio inter nos et Albericum, illius supradicti *Gosfridi filium et hæredem*,... faventibus fratribus

Foulques Nerra. Que le mari d'Ermangarde portât le nom d'Aubry, c'est ce qui est démontré par la charte ci-dessus et par plusieurs chroniques (1). La charte montre aussi que cet Aubry était fils et héritier de Geoffroy, comte de Château-Landon. Quelques chroniques paraissent au contraire avoir fait confusion entre le père et le fils, en donnant au mari d'Ermangarde le nom de Geoffroy ; mais la charte ci-dessus citée tranche la question, comme je l'ai dit ailleurs (2). Elle montre aussi qu'Aubry tenait son comté de son père et non de sa femme. Aubry était mort avant 1061, ainsi qu'il résulte d'une autre charte, que nous analyserons comme les précédentes.

8° Geoffroy le Barbu fut le successeur immédiat de son père, avant 1061 et dès avant la mort de Geoffroy Martel, comte d'Anjou, son oncle maternel. Une charte de Saint-Pierre de Chartres rapporte que Landry, abbé de cette abbaye, vint trouver Geoffroy Martel, comte d'Anjou, et se plaignit à lui de ce que son neveu Geoffroy, comte de Gâtinais, avait enlevé à l'abbaye un domaine donné à Saint-Pierre par un chevalier, nommé Teduin. Geoffroy Martel obligea son neveu à rendre la susdite terre à l'abbaye de Saint-Pierre (3). Cette charte prouve qu'Aubry

ipsius Alberici... (Cartul. S. Mariæ Parisiensis, lib. IV, n° 19 ; ap. Guérard, t. I, p. 326 ; — en 1026.)

(1) Orderic Vital, lib. IV. — Chron. S. Maxentii Pictavensis, ad ann. 1060. — Marchegay, *Chroniques des églises d'Anjou*. — *Hist. comit. Andeg.*, ap. Marchegay, *Chroniques des comtes d'Anjou*, p. 333.

(2) *La Légende des comtes d'Anjou*, 2° partie, p. 57. Il est assez curieux que la chronique attribuée à Foulques Réchin lui-même ait commis cette confusion. Une erreur aussi évidente montre que cette chronique n'est pas l'œuvre du comte Réchin ; si elle était son œuvre personnelle, il n'aurait pas confondu son père avec son grand-père et n'aurait pas dit : « Ego Fulco, comes qui fui *filius Gaufridi*. Marchegay, » *Chroniques des comtes d'Anjou*, p. 375.)

(3) Ego Landricus... adii præsentiam Gausfridi, Andegavorum comitis, cognomine Martelli, apud eum querimoniam faciens de ejus nepote Gausfrido, *territorii scilicet Guastinensis comite*, qui terram, etc. Cartul. S. Petri Carnot., t. I, p. 125, antè 1061.)

— 13 —

le Bref mourut avant son beau-frère, Geoffroy Martel, et
partant avant 1060 ; elle prouve en second lieu qu'il eut
pour successeur immédiat Geoffroy le Barbu, son fils
aîné, et non Foulques Réchin, son fils cadet.

A la mort de Geoffroy Martel, son principal héritier en
Anjou comme en Touraine fut encore Geoffroy le Barbu :
ce ne fut pas Foulques Réchin, quoi qu'en disent nos
chroniques mensongères, qui ont cherché à dissimuler le
rôle odieux joué par le Réchin. J'ai démontré déjà que
la grosse part des domaines de la maison d'Anjou passa à
Geoffroy le Barbu et que le partage rapporté avec tant de
variantes par nos chroniqueurs est imaginaire (1). D'après
la chronique de Saint-Florent, Réchin n'aurait eu en
Anjou que la seigneurie de Vihiers qu'il devait tenir en
fief de son frère aîné. Après la mort de Geoffroy Martel,
son neveu, Geoffroy le Barbu, devenu comte d'Anjou et de
Touraine, aurait-il cédé à Foulques Réchin le Gâtinais
tout entier ? — Ce n'est pas impossible, mais ne me paraît
pas démontré. M. Jules Devaux attribue dans le partage à
Foulques Réchin la Touraine et le Gâtinais. En ce qui
concerne la Touraine, M. Devaux fait certainement erreur ;
les documents diplomatiques démontrent le contraire ;
quant au Gâtinais, Foulques Réchin a pu le recevoir des
mains de son frère Geoffroy, mais il n'a pas succédé
immédiatement à son père. Il est prouvé que Geoffroy le
Barbu a été comte du Gâtinais après la mort d'Aubry le
Bref et qu'il est devenu comte d'Anjou et de Touraine,
après la mort de son oncle Geoffroy Martel.

(1) .... Gaufredum comitem, Fulconis Andecavensis quondam
comitis ex filia, et Gofredi filii ejus ex sorore nepotem, cum post
eumdem Gaufredum *Andecavensem ac Turonensem obtineret pariter
comitatum* (Liber de servis Majoris Monasterii, nº 16, ann. 1061,
publié par M. de Grandmaison.) — Voir aussi : Codex Niger Sancti
Florentii Salmur, — Orderic Vital et autres autorités citées dans
La Légende des comtes d'Anjou (2e partie, p. 68 et suiv.)

9° Foulques Réchin. Je ne parlerai point de la guerre inique faite par Réchin à son frère aîné, de l'usurpation dont il se rendit coupable, ni de l'odieuse captivité qu'il fit subir au vaincu. En 1067, Foulques Réchin, après avoir défait, pris et emprisonné son frère, réunissait dans ses mains tous les domaines des deux maisons d'Anjou et de Gâtinais. Pour se concilier la faveur royale dans sa lutte fratricide, il avait promis au roi Philippe Ier de lui céder le Gâtinais, ce qui fut fait, et ce territoire fut réuni à la couronne, malgré les vains efforts de Geoffroy Martel II, fils du Réchin, pour le reprendre (1). Après cette cession de leur terre natale, les Castrolandoniens oublièrent leur origine; établis en Anjou, ils devinrent Angevins, et les chroniqueurs, pour flatter leur vanité, identifièrent les deux maisons d'Anjou et de Gâtinais.

Pendant les premiers temps de la domination royale, le Gâtinais paraît avoir été gouverné par des vicomtes : leur série, d'après M. Devaux, remonte au vicomte Foulques, qui vivait de 1076 à 1122. Ce fut aussi sous la domination royale que se produisirent les divers démembrements du comté de Gâtinais, qui amenèrent peu à peu (de 1209 à 1404) son complet anéantissement (2). Mais cette partie du travail de M. Devaux, fort intéressante pour l'histoire du Gâtinais, est étrangère à l'histoire d'Anjou et je n'ai point à en parler ici.

Dans l'origine, il n'y avait pour tout le Gâtinais qu'une seule prévôté, celle de Château-Landon; cela dura jusqu'au xiie siècle (1113); un siècle plus tard on en comptait un grand nombre. Après la création des bailliages, les prévôtés de Boiscommun, Lorris et Montargis furent rattachées au bailliage d'Orléans, les autres à celui de Sens (3). Ceci nous explique les tiraillements qui se pro-

____

(1) *Origines Gâtinaises*, p. 23.
(2) *Idem*, p. 21 et suiv.; p. 40 et suiv.
(3) *Idem*, p. 43.

duisirent entre les magistrats d'Orléans, de Montargis
et de Château-Landon, lors de la rédaction des coutumes (1).

Une dernière question reste à traiter. Faut-il identifier,
comme le fait M. Mabile, les comtes du Gâtinais avec les
vicomtes d'Orléans, de sorte que le comté de Château-
Landon n'aurait été qu'une dépendance, une annexe de la
vicomté d'Orléans, et aurait appartenu à la même famille,
que l'auteur appelle la maison des vicomtes d'Orléans ou
de Gâtinais ?

Pour résoudre cette question, il faut remonter un peu
plus haut que le xi⁰ siècle.

Le pays de Gâtinais, ou *pagus Wastinensis*, est mentionné dans les documents diplomatiques dès l'époque
mérovingienne (2) ; c'était un *pagus* d'ordre secondaire
détaché d'un grand *pagus* ou *civitas*. La *civitas*, dont il
faisait partie n'était point celle d'Orléans, mais celle de
Sens. On sait en effet que les archevêchés correspondent
aux provinces romaines et les évêchés aux *cités*, et que les
comtes mérovingiens et carlovingiens étaient établis primitivement aux chefs-lieux des évêchés. Or, le Gâtinais a
de tout temps formé un archi-diaconé dépendant de l'évê-
ché de Sens et non de celui d'Orléans ; d'où il faut con-
clure, par une conséquence presque nécessaire, qu'il a dû
être régi primitivement par les comtes de Sens. D'après
l'*Atlas historique de la France*, de M. Longnon, le grand
pagus Senonensis comprenait primitivement le Gâtinais ;
aux ix⁰ et x⁰ siècles, le *pagus Wastinensis* figure sur les

<hr>

(1) Richebourg, *Coutumier général*, t. III, pp. 767, 816 et 864.
Procès-verbal de la rédaction des coutumes d'Orléans et de Montargis.

(2) Vita S. Wulfrani (Acta SS. O. B., sæc. 3, pars 1ᵃ, p. 357). —
Vita S. Aldrici (Dom Bouquet, t. VI, p. 326 et t. IX, p. 353, Caroli crassi
dipl. nᵒ 21, en 886. — Marculfi append., form. 41. — Lindenbrog
form. 22.

cartes comme distinct des *pagi* voisins : Melun, Sens, Étampes, Orléans (1). Les textes des IX⁰ et X⁰ siècles distinguent très nettement le *pagus* ou province d'Orléans, du *pagus* de Gâtinais (2). Il a été détaché dès le commencement du X⁰ siècle, sous Charles le Simple, de son chef-lieu primitif, pour former un comté à part ; c'est ce que démontre le passage d'Hermann de Tournay cité plus haut. D'après cela, on ne voit pas à quelle époque le Gâtinais aurait pu faire partie de la vicomté d'Orléans (3).

Les comtes du Gâtinais et les vicomtes d'Orléans sont-ils les mêmes personnages et apporte-t-on à l'appui de cette opinion quelque texte diplomatique ou historique ? — Il n'y a pas d'autre motif invoqué, pour appuyer cette supposition, que la ressemblance des noms. Cette ressemblance des noms entre les comtes du Gâtinais et les vicomtes d'Orléans ne prouve nullement l'identité des personnages, car à cette époque on ne rencontre pas une grande variété de noms : Aubry, Baudry, Bouchard, Foulques, Geoffroy, ces noms reviennent à chaque instant dans les chartes. Ce qu'il faut considérer, c'est la qualification prise par le signataire de l'acte. Or, les Aubry et les Geoffroy, vicomtes d'Orléans, signent A. ou G.

---

(1) *Atlas historique de la France*, par M. Longnon.

(2) On lit dans un texte du IX⁰ siècle : Tam ex *Aurelianensi* quàm ex *Wastinensi* provinciâ (Ex miraculis S. Benedicti, abbat. Dom Bouquet, VI, p. 313). — In pago *Aurelianensi*, Blesensi, *Wastinensi*, Augustodunensi. (Lotharii regis diplom. n° 20, en 967 : Dom Bouquet, IX, p. 631.)

(3) Je n'ai jamais admis que les vicomtes d'Orléans fussent en même temps comtes de Château-Landon ; mais j'avais pensé que le comté de Château-Landon pouvait avoir été détaché de la vicomté d'Orléans (*La Légende des comtes d'Anjou*, 2⁰ partie, pp. 67-68). Une étude plus approfondie des textes, et celle des cartes de M. Longnon m'ont fait abandonner cette opinion. Le Gâtinais n'a été réuni au bailliage d'Orléans que partiellement et à une époque postérieure à sa réunion à la couronne. (Voir ci-dessus.)

vicecomes Aurelianensis (1), tandis que les comtes du Gâtinais signent A. ou G. *comes Wastinensis*, ou *comes Landonensis*. Il faut les prendre avec la qualification qu'ils se donnent dans les chartes et ne pas transformer sans preuve un comte ou vicomte de telle localité en comte ou vicomte de telle autre localité. À cette époque, les noms de famille n'étaient pas encore fixés et l'on signait d'un nom individuel, unique, suivi du nom du fief, de la dignité ou de la fonction que l'on possédait. Il ne viendra à personne l'idée d'identifier Bouchard de Montmorency avec Bouchard de Melun, bien qu'ils fussent à peu près contemporains. Rien ne prouve d'ailleurs que les Geoffroy et les Aubry, vicomtes d'Orléans, qui signent des actes en 942, 957 et 966 vécussent en même temps que les comtes de Château-Landon, du même nom, qui figurent dans les actes de 933, 979 et 986 ; en tous cas, ils n'ont rien de commun avec Gauthier de Château-Landon, qui n'a pas d'homonyme sur la liste des vicomtes d'Orléans.

Le système de M. Mabile, d'après lequel les comtes de Château-Landon ne seraient autres que les vicomtes d'Orléans, n'est qu'une pure hypothèse, reposant sur une ressemblance fortuite de noms, sans aucun fondement historique ou diplomatique (2).

Faut-il établir enfin une distinction entre la qualité de comte de Château-Landon et celle de comte de Gâtinais ? — Je ne le pense pas. Ingelran, premier comte connu du

---

(1) ..... Gausfridus vicecomes Aurelianensis... (Charte de 942, citée par M. Mabile, *Introduction aux Chroniques des comtes d'Anjou*, p. LXIV, note. — Signum Alberici Aurelianensium vicecomitis charte de 957, publiée par M. Mabile, *id.*, p. CX). — Signum Alberigi Aurelianensis vicecomitis (charte de Saint-Aubin d'Angers du 10 juin 966). — M. Mabile cite en outre une charte de Marmoutiers de 886, dans laquelle figure un Aubri (Albericus), sans désignation particulière et qu'il croit être un vicomte d'Orléans. (*Idem*, p. LIX.)

(2) V. Mabile, *Introduction aux Chroniques des comtes d'Anjou*, p. LXXXIV et suiv.

Gâtinais, est désigné par le passage ci-dessus cité d'Hermann de Tournay, comme comte de Château-Landon,
comes de Castellandum (sic); la charte de 933 parle du
comté de Gâtinais, *comitatus Wastinensis*; celle de 986, rela-
tive à Geoffroy II, le qualifie comte de Gâtinais, *comes
Wastinensis*. La lettre d'Abbon de Fleury, de 997, appelle
Gauthier *comes de Castro-Nantonis*; Béatrice, femme de
Geoffroy III, est appelée aussi comtesse de Château-Landon (*Nandonensium comitissa*); dans la charte de 1026, les
deux expressions sont réunies : *in comitatu Wastinensi,
Gosfredo comiti Landonensi Castri*. La chronique d'Orderic
Vital appelle Aubry le Bref, père de Geoffroy le Barbu,
comte de Gâtinais, *comes Wastinensis*; la chronique de
Saint-Maixent lui donne le même titre; nos documents
angevins, tels que le *Gesta* et autres, publiés par M. Marchegay, emploient indifféremment les deux titres (1).
Enfin, Geoffroy le Barbu, dans la charte de Saint-Pierre
de Chartres ci-dessus citée, est dit : *territorii Guastinensis
comes*. En un mot, dans tous les documents diplomatiques
ou historiques que nous avons rencontrés, les titres de
comte de Château-Landon et de *comte de Gâtinais* paraissent
synonymes. Château-Landon, d'après M. Longnon, fut
toujours capitale du Gâtinais :

« Château-Landon, dit-il, qui figure dans quelques
« exemplaires de la *Notice* des cités de la Gaule, à la suite
« des cités de la IVe Lyonnaise, était sans doute, à l'époque
« carolingienne, comme plus tard au XIe siècle, le chef-
« lieu du *pagus Wastinensis* (2). »

En résulterait-il que le Gâtinais tout entier, le vieux
pagus dépendît intégralement et sans aucune réserve du
comté de Château-Landon? Cela ne me paraît pas prouvé
et je n'oserais pas l'affirmer. Mais cette dernière question

---

(1) *Chroniques des comtes d'Anjou*, passim.
(2) *Atlas historique de la France*, texte, p. 107.

est à peu près dépourvue d'intérêt pour mon sujet. Il me
suffit de constater que le comté de Château-Landon existait à tout le moins dès le règne de Charles le Simple (1),
et qu'il comprenait tout ou partie du Gâtinais; que, par
conséquent, dès cette époque reculée, le Gâtinais (au
moins en grande partie), ne dépendait point de la vicomté
d'Orléans et qu'il n'est nullement établi qu'il en ait jamais
dépendu. Les comtes de Château-Landon et les vicomtes
d'Orléans nous présentent deux dynasties ou deux séries
de seigneurs parfaitement distinctes. Il ne faut donc pas
confondre les uns avec les autres.

Le savant et si intéressant travail de M. Devaux, loin
d'infirmer mes conclusions de *La Légende des comtes
d'Anjou*, les confirme au contraire sur presque tous les
points et me permet de les reproduire avec plus de certi-
tude et de les compléter :

1° Il a existé une dynastie des comtes de Château-Landon depuis le règne de Charles le Simple jusqu'à la cession du Gâtinais par Foulques Réchin à la couronne de
France :

2° Ces comtes de Château-Landon possédaient très probablement tout le Gâtinais, ou tout au moins la plus
grande partie de ce pays ;

3° Ils sont distincts des vicomtes d'Orléans dont la
domination s'exerçait sur une région située plus à l'ouest ;

4° Ils n'ont, en ce qui concerne leur origine, rien de
commun avec les Ingelgériens d'Anjou ; ils n'ont jamais
tenu leur comté ni en vasselage ni en parage des comtes
d'Anjou :

5° Les possessions de Foulques Nerra en Gâtinais s'ex-
pliquent très probablement par son mariage avec Élisabeth, fille de Bouchard le Vieux, comte de Melun et de
Corbeil ; mais les Ingelgériens d'Anjou n'ont jamais pos-

---

(1) Ou même dès le temps de Charlemagne, d'après Luc d'Achery.

sédé le comté de Château-Landon ; des domaines ou des mouvances situées dans un comté ne constituant nullement la seigneurie du comté lui-même ;

6° La maison ingelgérienne d'Anjou s'est fondue dans la maison de Château-Landon par le mariage d'Ermangarde, fille de Foulques Nerra, avec Aubry le Bref, fils de Geoffroy, comte de Gâtinais.

En un mot, les Plantagenets sont originaires du Gâtinais et ne sont devenus Angevins qu'après la mort de Geoffroy Martel, en 1061, et la cession du Gâtinais à la couronne, en 1067.

Mais si l'Anjou n'est pas la patrie d'origine des Plantagenets de France et d'Angleterre, il est la première patrie connue de Robert le Fort, premier comte héréditaire d'Anjou, auteur de la maison de France ; c'est une gloire qui en éclipse bien d'autres.

G. D'ESPINAY.

ANGERS, IMPRIMERIE LACHÈSE ET Cᶦᵉ, CHAUSSÉE SAINT-PIERRE, 4.